Die ägyptischen Götter

ANUBIS

Anubis ist der ägyptische Gott des Jenseits und der Mumifizierung. Er ist der Beschützer der verlorenen Seelen.
 Anubis ist einer der ältesten Götter Ägyptens.

Er wird als schwarzer Canide (meist ein Schakal) oder als Mann mit Schakalkopf dargestellt. Die schwarze Farbe ist symbolisch (Schakale sind nicht schwarz). Diese Farbe steht sowohl für die Zersetzung von Leichen als auch für den fruchtbaren Boden des Niltals.

Anubis ist der Sohn des Osiris. Der Legende nach wurde Nephthys (die Frau von Seth) von der Schönheit von Osiris (dem Bruder von Seth) angezogen. Sie verwandelte sich dann, um ihm als Isis (Osiris' Frau) zu erscheinen. Osiris, der dachte, er sei bei seiner Frau Isis, schlief mit Nephthys. Nephthys wurde dann schwanger und gebar Anubis. Doch sie setzte das Kind kurz nach der Geburt aus.
 Isis entdeckte Nephthys' Täuschung und erfuhr von der Existenz des Kindes. Sie fand das verlassene Kind und adoptierte es.
 Seth erfuhr auch von dem Betrug seiner Frau, und das erklärt zum Teil seinen Hass auf seinen Bruder Osiris.

Anubis wird regelmäßig als Osiris' rechte Hand und sogar als sein Beschützer angesehen. Er hilft ihm, die Seelen der Verstorbenen zu richten. Anubis wird regelmäßig um seinen Schutz oder um Rache angerufen.

BASTET

Bastet ist die Göttin des Hauses, der Fruchtbarkeit und der Geburt eines Kindes. Sie schützt Häuser vor bösen Geistern und Krankheiten, besonders für Frauen und Kinder. Sie spielt auch eine Rolle im Jenseits, als Führer für Seelen.

Anfangs wurde Bastet als löwenköpfige Frau dargestellt und war mit der Göttin Sachmet verbunden. Aber diese Darstellung war aggressiv, und sie wurde später mit mehr Sanftheit dargestellt. Ihre beliebteste Darstellung ist die einer sitzenden, nach vorne schauenden Katze.

Bastet war eine unbarmherzige Göttin für diejenigen, die die Gesetze brachen und andere misshandelten.

Bastet ist die Tochter des Sonnengottes Ra, daher wird sie mit dem Konzept des Auges des Ra (dem alles sehenden Auge) in Verbindung gebracht.

Bastet war im Alten Ägypten sehr beliebt, besonders ab der Zweiten Dynastie (2890 – 2670 v. Chr.).

HATHOR

Hathor ist das, was man eine primitive Göttin nennt, von der alle anderen Göttinnen abgeleitet sind. Sie ist die Göttin der Freude und der Liebe. Sie wird mit Frauen und der Gesundheit von Körper und Geist in Verbindung gebracht. Sie war eine sehr beliebte Göttin.

Hathor wird oft als Frau mit einem Kuhkopf dargestellt, oder als Frau mit nur Hörnern und einer Sonnenscheibe auf dem Kopf. Sie kann auch nur durch eine Kuh dargestellt werden.
Sie gilt als die Mutter des Sonnengottes Ra und wird in der ägyptischen Kunst oft mit ihm zusammen abgebildet.

Der Name Hathor bedeutet "Reich des Horus" oder "Tempel des Horus". Der Legende nach betrat Horus (Gott des Himmels) jede Nacht den Mund der Hathor, um sich auszuruhen, und kam bei Sonnenaufgang wieder heraus.

Hathor ist mit Licht, Verjüngung und Wiedergeburt verbunden.

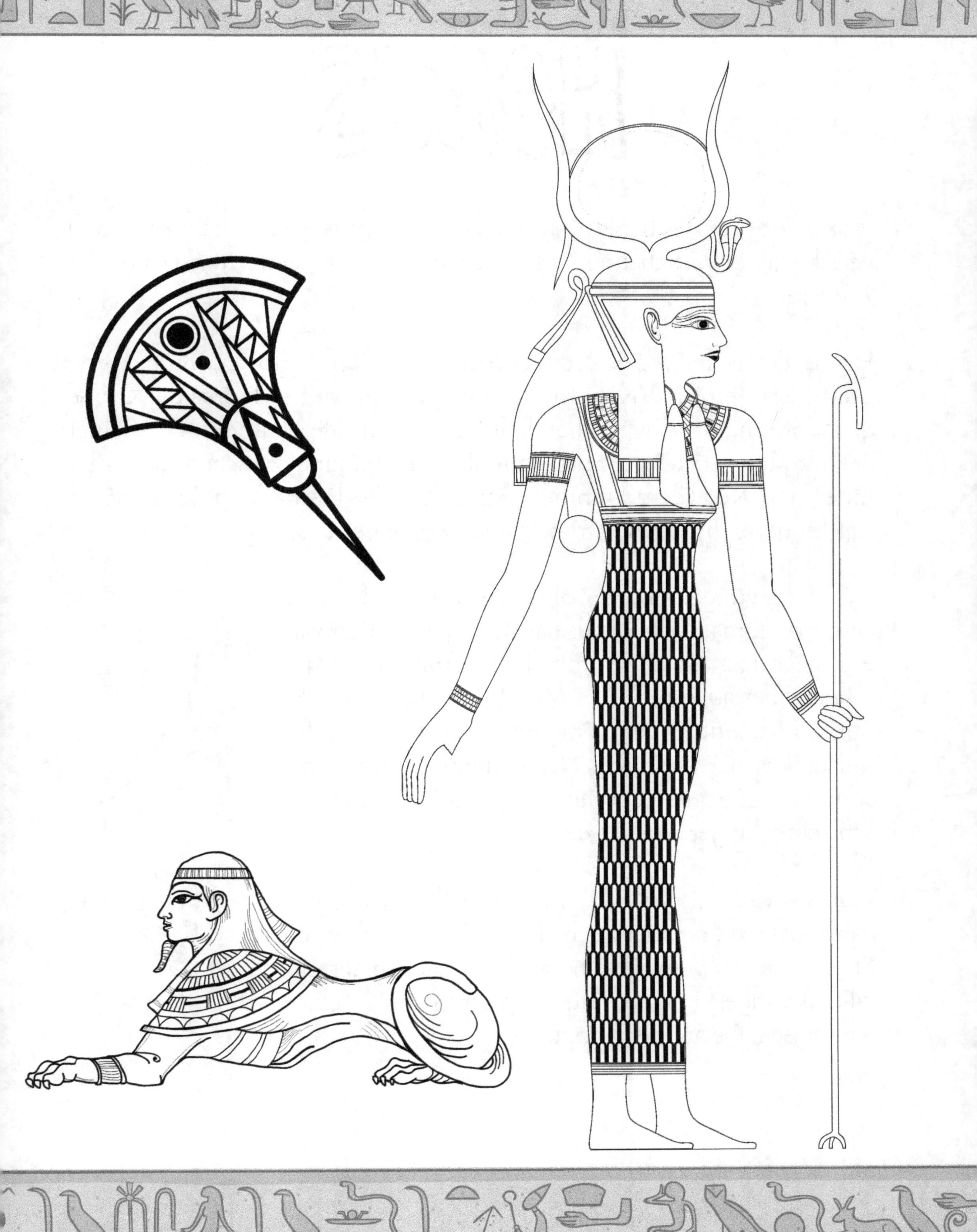

HORUS

Horus ist der Gott des Himmels, aber er ist eigentlich mit zwei verschiedenen Gottheiten verbunden: Horus der Ältere und Horus der Jüngere.

Horus der Ältere, der Letztgeborene der fünf Urgötter, Bruder von Osiris, Isis, Seth und Nephthys. Im Englischen wird er Horus der Große genannt, und im Ägyptischen heißt er Harwer oder Haroeris. Er ist einer der ältesten Götter, geboren aus der Vereinigung zwischen Geb (der Erde) und Nut (dem Himmel), kurz nach der Erschaffung der Welt. Er war für den Schutz des Himmels und der Sonne zuständig.

Horus der Jüngere ist der Sohn von Osiris und Isis. Er wird manchmal auch Horus das Kind genannt. Er war ein mächtiger Gott, der mit dem Himmel und der Sonne, aber auch mit dem Mond verbunden war. Er war ein Beschützer des Königreichs Ägypten und der Verteidiger der Ordnung. Nach seinen Kämpfen mit Seth wurde Horus auch ein Kriegsgott, der oft vor Schlachten angerufen wurde.

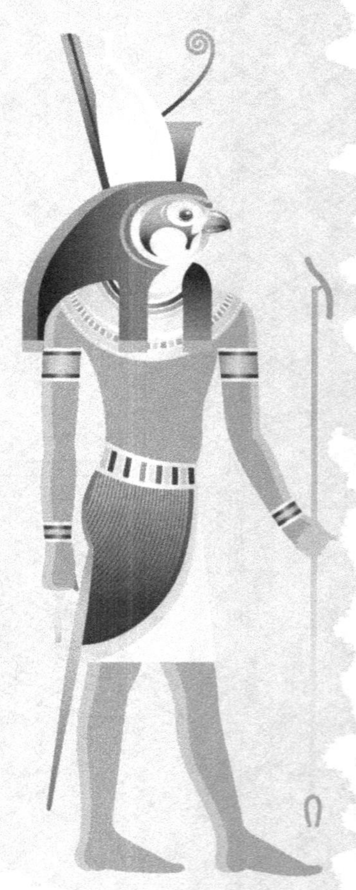

Horus wird als Mann mit einem Falkenkopf dargestellt, manchmal auch mit einer Doppelkrone. Er ist nicht zu verwechseln mit Ra, der ebenfalls ein falkenköpfiger Mann ist, allerdings mit einer Sonnenscheibe auf dem Kopf.

ISIS

Isis ist eine der ältesten Göttinnen und die beliebteste von allen. Ihr Name kommt von dem Wort "eset", was "Sitz" bedeutet und sich auf den Thron von Ägypten bezieht. Sie gilt als die Mutter aller Pharaonen.

Isis wird als Frau dargestellt, mit einem Kopfschmuck, der einen Thron darstellt. Dieser Thron bezieht sich auf den leeren Thron, den Osiris nach seiner Ermordung hinterlassen hat. In einigen Geschichten wird sie auch als Obdachlose, alte Frau oder Witwe dargestellt.

Isis wird als eine großzügige und sehr mächtige Schutzgöttin beschrieben. In der Tat ist sie auch als "Weret-Kekau" bekannt, was "große Magie" bedeutet.

Isis hatte auch andere Namen, je nach ihrer Rolle. Der Legende nach war es Isis, die den Boden befruchtete, indem sie die Überschwemmung des Nils auslöste. Sie wurde dann Sati genannt. Als die Göttin, die das Leben schuf, wurde sie Ankhet genannt.

Mit Osiris, ihrem Ehemann, lehrte Isis dem ägyptischen Volk Landwirtschaft und Medizin. Es war auch Isis, die die Ehe einführte.

OSIRIS

Osiris ist einer der wichtigsten Götter des alten Ägyptens. Er ist der Herr der Unterwelt und der Richter der Toten. Er ist auch der Bruder und Ehemann von Isis.

Osiris wird meist mit schwarzer oder grüner Haut dargestellt, als Symbol für den fruchtbaren Schlamm des Nils und die Auferstehung. Manchmal wird er als Mumie dargestellt.

Osiris ist einer der ersten fünf Götter, zusammen mit Isis, Seth, Horus und Nephthys. Er wurde aus der Vereinigung zwischen Geb und Nut (Erde und Himmel) geboren.

Osiris ist sehr berühmt für eine Legende, den Mythos von Osiris.

Osiris ist der Erstgeborene. Er regierte die Erde mit seiner Frau Isis. Er gab dem ägyptischen Volk Gesetze, Kultur und Bildung, Landwirtschaft und Religion. Während seiner Herrschaft war Ägypten ein Paradies, in dem alle Menschen gleich waren und in dem es keine Hungersnot gab.

Seth, sein Bruder, war eifersüchtig auf ihn. Außerdem war er sehr wütend, als er von der Affäre zwischen Osiris und Nephthys (der Frau von Seth) erfuhr.

Seth ließ einen Sarg anfertigen. Mit List brachte er Osiris dazu, es zu betreten. Dann schloss er den Deckel und warf ihn in den Nil. Der Sarg wurde weggetragen und verschwand.

Isis schaffte es nach monatelanger Suche, den Sarg zu finden, aber Osiris war tot. Sie brachte seinen Körper zurück nach Ägypten, um ihm sein Leben zurückzugeben. Doch Seth hörte davon und nahm den Körper von Osiris wieder an sich. Er schnitt sie in Stücke und verteilte sie über das ganze Land.

Isis schaffte es, jeden Teil des Körpers zu finden, nur nicht den Penis, der von einem Fisch, dem Oxyrhynchus, gefressen worden war. Aus diesem Grund war dieser Fisch im alten Ägypten ein verbotenes Lebensmittel.

Mit Hilfe von Nephthys, Thot und Anubis mumifizierte Isis den Körper von Osiris. Osiris wurde so zur ersten Mumie und zur mythologischen Grundlage der Einbalsamierung. Dieser Prozess soll die Fäulnis der Körper verhindern und umkehren.

Von dieser Legende gibt es mehrere Versionen. Doch Isis konnte Osiris das Leben schenken und wurde daraufhin mit einem Sohn, Horus, schwanger.

RA

Ra ist der Gott der Sonne. Er wird auch Re genannt. Er wurde einer der wichtigsten Götter Ägyptens, ab dem 25. Jahrhundert vor Christus. Hauptsächlich mit der Sonne assoziiert, herrschte Ra dennoch über alle Teile der Welt: Himmel, Erde und die Unterwelt.

Ra wird in Form eines Mannes mit dem Kopf eines Falken dargestellt, wie Horus. Aber auf seinem Kopf hat Ra eine Sonnenscheibe, um die sich eine Schlange wickelt. Horus trägt die Doppelkrone.
Ra kann auch als Widder, als Skarabäus, als Phönix oder als Stier dargestellt werden.

Der Legende nach wurden alle Lebensformen von Ra erschaffen. Die Menschen wurden aus seinen Tränen und seinem Schweiß erschaffen.

In einem Mythos verschwor sich die Menschheit gegen Ra. Er schickte dann sein Auge in Form der Göttin Sachmet, um sie zu bestrafen.

SACHMET

Sachmet ist eine Kriegergöttin und eine Göttin der Heilung. Sie gilt als die Beschützerin der Pharaonen, auch nach deren Tod.

Sie wird als Frau mit einem Löwinnenkopf oder einfach als Löwin dargestellt.

Sachmet wird oft mit den Göttinnen Bastet und Hathor in Verbindung gebracht.

Sachmet gilt als die Tochter des Ra und war die Manifestation seiner Rache. Man sagte ihr nach, dass sie Feuer spuckt und ihr Atem Wüsten bildet.

In einem Mythos schickt Ra Sachmet auf die Erde, um die Sterblichen zu vernichten, die sich gegen ihn verschworen haben. Sachmets Blutdurst war beträchtlich. Sie hat fast die gesamte Menschheit vernichtet. Um sie aufzuhalten, schüttete Ra rot gefärbtes Bier aus, das wie Blut aussah. Sachmet trank so viel, dass sie betrunken wurde. Sie stoppte das Gemetzel und schlief ein. Als sie aufwachte, kehrte sie friedlich zu Ra zurück.

SETH

Seth, auch bekannt als Seth und Suetekh, war der Gott des Krieges, des Chaos und der Stürme. Er ist der Bruder von Osiris, Isis und Horus dem Älteren. Er ist auch der Ehemann und Bruder von Nephthys.

Sein Name wird gewöhnlich mit "Anstifter der Verwirrung" und "Zerstörer" übersetzt.

Er wird oft als ein Mann mit einem Hundekopf dargestellt, der Sha genannt wird. Manchmal wird er als rote Bestie dargestellt.

Seth ist bekannt als der erste Mörder der Geschichte, indem er seinen Bruder Osiris tötete. Er versuchte auch, Horus den Jüngeren zu ermorden.

Seth repräsentiert das Böse, aber manchmal tut er auch Gutes: Nach einer Legende rettete Seth Ra vor der Schlange Apophis. Apophis war eine böse Kreatur, die versuchte, die Sonne aufzuhalten. Er wollte Ra's Reise über den Himmel stoppen. Jede Nacht hypnotisierte Apophis Ra. Seth konnte dem tödlichen Blick der Schlange widerstehen und wehrte sie mit seinem Speer ab. So sorgte Seth für den Sonnenaufgang.

Seth wurde auch als Wohltäter angesehen, der Menschen im Leben oder im Tod half.

SOBEK

Sobek, auch Sebek genannt, war ein Gott, der mit Krokodilen, den Kräften des Pharaos, Fruchtbarkeit und militärischen Taten in Verbindung gebracht wurde. Er wurde auch zum Schutz vor den Gefahren des Nils angerufen.

Sobek wurde in Form eines Krokodils oder eines Menschen mit Krokodilkopf dargestellt.
Sobek war vor allem eine aggressive Gottheit, wie sein tierischer Beschützer, das große Nilkrokodil.
In vielen Mythen zeigt er sich jedoch wohlwollend. Er hätte sogar Isis geholfen, Osiris zu heilen (im Mythos von Osiris).

Im alten Ägypten wurden Krokodile aus religiösen Gründen als Inkarnation des Sobek gezüchtet. Wenn sie starben, wurden sie mumifiziert. Es wurden viele mumifizierte Krokodile gefunden, einige sogar mit mumifizierten Babykrokodilen im Maul. Das Krokodil ist eines der wenigen Reptilien, die für ihren Nachwuchs sorgen. Diese Mumifizierungen sollten wahrscheinlich die schützenden Aspekte von Sobek betonen, denn er beschützte die Menschen wie Krokodile ihre Jungen.

THOT

Thot ist der ägyptische Gott der Schrift, der Magie, des Gleichgewichts, der Weisheit und des Mondes. Er ist ein sehr wichtiger Gott im alten Ägypten. Der Legende nach hat sich Thot selbst erschaffen.

Thot wird oft als ein Mann mit dem Kopf eines Ibis dargestellt.

Sein Name wurde oft von den Pharaonen verwendet. Zum Beispiel der Pharao Thutmose, was "geboren von Thot" bedeutet.

Thot leitete das Totengericht mit Osiris in der Halle der Wahrheit. Seelen, die befürchteten, dass sie dieses Urteil nicht bestehen würden, suchten oft Thots Hilfe.
Thot war der Ehemann von Seshat, der Göttin der Schrift, Hüterin der Bücher und Beschützerin der Bibliothekare.
Schließlich war Thot der Beschützer der Schriftgelehrten. Den Erzählungen zufolge gossen die Schreiber vor dem Schreiben einen Tropfen Tinte zu Ehren von Thot.

ÜBER DIE GOTTHEITEN

Es gab viele andere ägyptische Gottheiten.

Es ist jedoch schwierig, genau zu wissen, wie viele es waren. Manche Legenden sind seit 3000 Jahren miteinander verwoben.

Es wird angenommen, dass es insgesamt zwischen 700 und 800 Gottheiten gab, aber nur etwa fünfzig waren in den Geschichten gut vertreten.

Einige Götter wurden mit den Köpfen von Widdern, Fröschen, Schlangen, Nilpferden und Stieren dargestellt. Andere nahmen das Aussehen von Kobras, Skorpione, Fische.

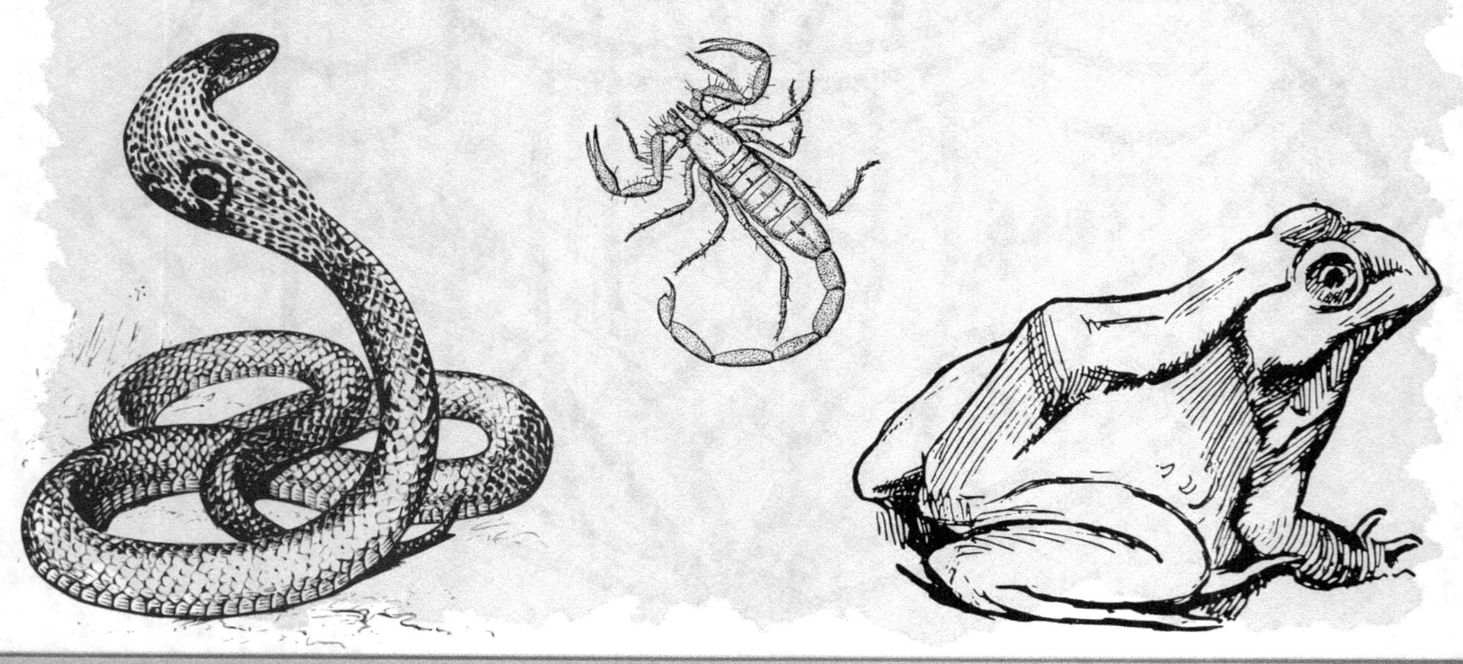

Pharaonen und Königinnen

ECHNATON

Echnaton war ein Pharao der 18. Dynastie. Er wurde im Jahr 1353 v. Chr. geboren und starb 1336 v. Chr.
Er ist auch als Ikhnaten bekannt. Seine Namen bedeuten alle "Erfolg für den Gott Aton".

Bei seiner Geburt hieß Echnaton Amenhotep IV, Sohn von Amenhotep III. Dann bekehrte er sich zum Kult des Gottes Aton und nahm den Namen Echnaton an. Aton war ein einzigartiger Gott. Außerdem zwang Echnaton seinem Volk diesen neuen Kult auf, manchmal auf ziemlich brutale Weise. Nach Ansicht von Historikern war dies die erste monotheistische Staatsreligion der Welt. Mit dem Tod des Pharaos geriet der Kult des Aton in Vergessenheit.

Echnaton war der Ehemann von Nofretete und der Vater von Tutanchamun.

KLEOPATRA

Kleopatra ist eine sehr berühmte Königin, aber Sie sollten wissen, dass es mehrere Kleopatra-Königinnen gab. Diejenige, die jeder kennt, ist eigentlich Kleopatra VII. Sie ist die letzte Königin von Ägypten vor der Annexion durch Rom.

Kleopatra war keine Ägypterin. Sie war Griechin. Sie war in der Tat Teil der ptolemäischen Dynastie, die Ägypten nach dem Tod von Alexander dem Großen (der Alexandria gründete) regierte.
Den Erzählungen zufolge sprach sie mehrere Sprachen, war charmant und eine sehr effektive Diplomatin.

Kleopatra war eine mächtige Königin, aber sie ist vor allem für ihre Liebesaffären bekannt: Zuerst mit Julius Caesar, dann mit Marcus Antonius, einem römischen General. Tatsächlich besiegte Caesar Kleopatra und Antonius in der Schlacht von Actium im Jahr 31 v. Chr. Die Regentschaft der Königin ging zu Ende. Kleopatra beging im folgenden Jahr Selbstmord, um der Demütigung zu entgehen, als Gefangene bloßgestellt zu werden. Den Erzählungen zufolge ließ sie sich von einer Schlange beißen oder trank Gift.

CHEOPS

Cheops, auch bekannt als Chufu, war ein Pharao des 26. Jahrhunderts vor Christus.

Er ist bekannt als der Pharao, der die Große Pyramide von Gizeh (auch bekannt als die Cheops-Pyramide), eines der 7 Weltwunder der Antike, erbaute.

Es ist nicht klar, wie lange Cheops Ägypten regierte. Historische Dokumente widersprechen sich gegenseitig. Für die einen hätte er 23 Jahre regiert, für andere mehr als 60 Jahre.

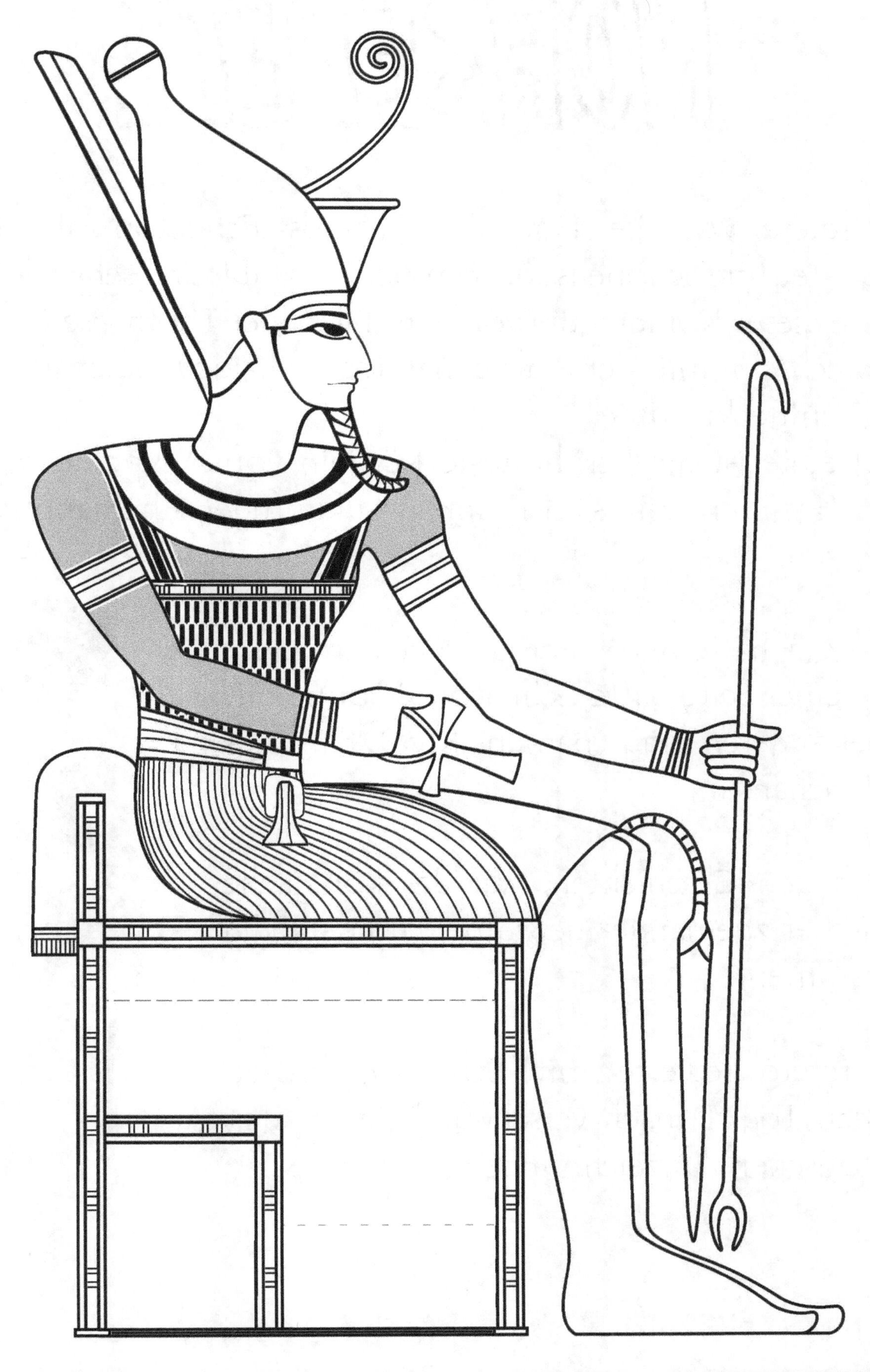

NOFRETETE

Nofretete war die Frau des Pharaos Echnaton. Ihr Name bedeutet "die Schöne ist gekommen". Es gibt eine sehr berühmte Büste dieser Königin, die von dem Bildhauer Thutmose (nicht zu verwechseln mit dem gleichnamigen Pharao) geschaffen und 1912 entdeckt wurde.

Nofretete ist die berühmteste Königin von Ägypten. Im Alter von 11 Jahren wäre sie mit ihrem zukünftigen Ehemann verlobt gewesen.

Das Paar hatte 6 Töchter, aber keinen Sohn. An seiner Seite hatte Echnaton 2 Söhne mit einer anderen Frau (namens Kiya), darunter Tutanchamun.

Nach den Geschichten, war das königliche Paar tief zueinander gewidmet, und ständig zusammen.

Nofretete regierte mit Echnaton bis zu dessen Tod. Danach verschwand sie aus den historischen Aufzeichnungen.

RAMSES II

Ramses II (oder Ramesses II) lebte von 1279 bis 1213 v. Chr.
Er hatte eine für die damalige Zeit relativ lange Regentschaft. Er wurde auch der Baumeisterkönig genannt, weil er viele Monumente baute.

Er hatte offenbar einen Ruf als großer Krieger, besonders nach der Schlacht von Kadesch.
Ramses II. wird oft als der Pharao angesehen, der Moses im Buch Exodus gegenübersteht, zumindest für diejenigen, die davon ausgehen, dass die Ereignisse dieser Geschichte eine historische Grundlage haben. Dennoch gibt es keine Aufzeichnung seines Namens in der Tora.

Ramses II. lebte bis zum Alter von 96 Jahren. Er soll mehr als 200 Ehefrauen (Ehefrauen und Mätressen), fast 100 Söhne und mindestens 60 Töchter gehabt haben.
Seine Regierungszeit war so lang, dass die meisten Ägypter ihn nur als Pharao kannten. Als er starb, glaubten die Menschen, dass mit dem Tod ihres Königs das Ende der Welt gekommen war.

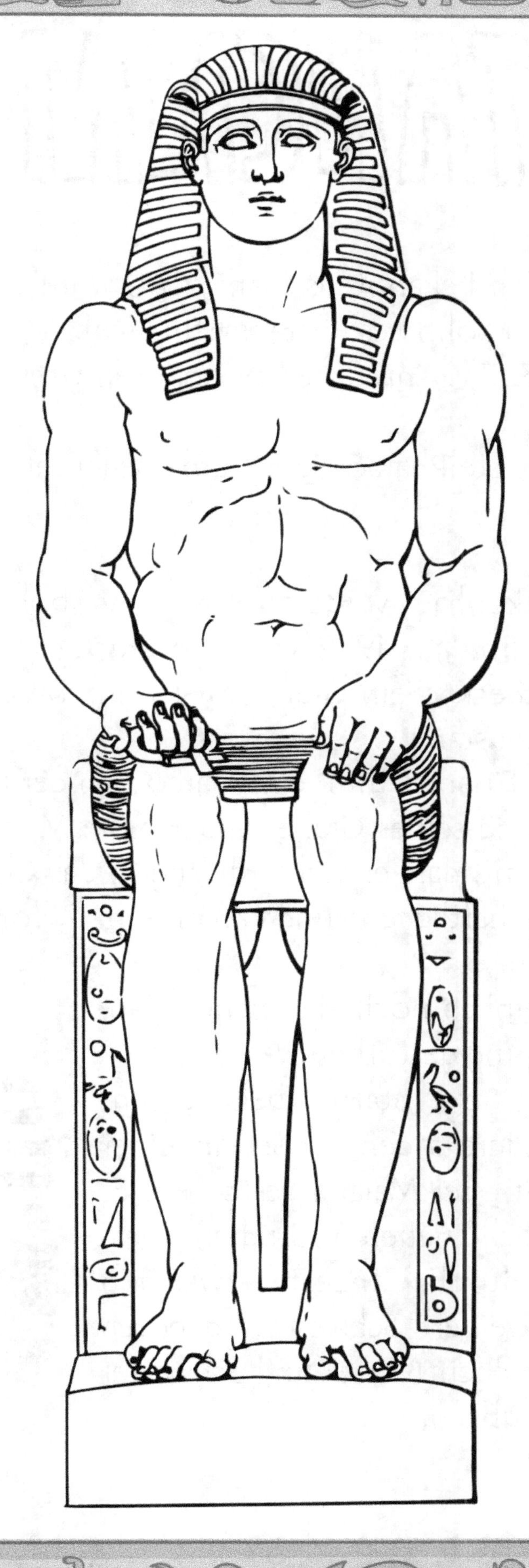

TUTANCHAMUN

Tutanchamun, auch bekannt als König Tut, wurde im Jahr 1336 v. Chr. geboren. Er war der Sohn des Pharaos Echnaton.
Er starb im Jahr 1327 v. Chr. unter mysteriösen Umständen.

Er ist der berühmteste Pharao. Sein Name bedeutet "lebendes Abbild des Gottes Amun".

Sein goldener Sarkophag wurde zu einem Symbol des alten Ägyptens. Sein Grab wurde im Jahr 1922 von Howard Carter, einem berühmten Archäologen, entdeckt. Sein Grab, das sich im Tal der Könige befindet, war in perfektem Zustand.
Man dachte, dass Tutanchamun ein Pharao von geringer Bedeutung war, aber die Entdeckung seines Grabes änderte die Meinung der Historiker. Es ist heute bekannt, dass er viel Ordnung in das Chaos brachte, das die politischen, wirtschaftlichen und religiösen Reformen seines Vaters hinterlassen hatten.
Er hätte wahrscheinlich noch viel mehr getan, wenn er nicht so jung gestorben wäre.
Manche sagen, er starb bei einem Wagenunfall. Andere sagen, er sei an einer Knochenkrankheit oder Malaria gestorben. Es scheint auch, nach neueren Studien, dass Tutanchamun durch Inzest zwischen Echnaton und seiner Schwester geboren wurde. Heirat zwischen Bruder und Schwester war zu dieser Zeit üblich.

ÜBER DIE PHARAONEN

Historiker unterteilen die Chronologie der altägyptischen Geschichte nach den Dynastien der Pharaonen. Eine Dynastie ist der Machterhalt einer Familie, die den Thron an einen Erben weitergibt. Es wird davon ausgegangen, dass es in der 3000-jährigen Geschichte des alten Ägyptens 31 Dynastien gab.

Es soll etwa 200 Pharaonen und 6 Königinnen gegeben haben.

Der erste Pharao wird Menes genannt. Um 3100 v. Chr. vereinigte er den Norden und Süden Ägyptens zu einem Königreich.

Die letzte Herrscherin von Ägypten war eine Frau: Kleopatra.

Der jüngste Pharao ist wahrscheinlich Pepi II, der im Alter von 6 Jahren Pharao wurde und 94 Jahre lang Ägypten regierte.

Leben im alten Ägypten

DIE ÄGYPTER

Zur Zeit der Pharaonen waren neun von zehn Ägyptern Bauern. Sie besaßen ihr Land nicht, es gehörte dem Pharao. Es gab auch Handwerker und edlere, aber seltene Berufe, wie zum Beispiel den des Schreibers.

Für die Bauern und Landwirte war das Leben ziemlich hart. Ihr Leben war um die Nilüberschwemmungen herum organisiert (die vor allem den Boden düngten).
Die Ägypter hatten die Bewässerung entwickelt, um die Feldfrüchte zu bewässern, sie hatten Dämme und Becken gebaut, um das Wasser zurückzuhalten.
In Zeiten von Überschwemmungen war es unmöglich, das Land zu bewirtschaften. Oft arbeiteten die Bauern und Landwirte auf Baustellen (Pyramiden, Monumente).
Als die Überschwemmungen vorbei waren, nutzten die Bauern den noch weichen Boden zum Pflügen und Säen.

Brot und Bier waren die Hauptnahrungsmittel der Ägypter. Die Bauern bauten das für ihre Produktion notwendige Getreide (Gerste und Weizen) an.
Nach der Ernte wurde das Getreide in großen Getreidespeichern, den Silos, gelagert.

Es ist anzumerken, dass die Menschen im Allgemeinen sehr arm waren. Der Pharao und die Priester nahmen den größten Teil der Ernten und landwirtschaftlichen Produkte. So zahlten die Menschen Steuern.

.

DER NIL

Der Nil ist der längste Fluss in Afrika. Er galt als der längste Fluss der Welt, aber neuere Studien zeigen, dass der Amazonas vielleicht noch ein bisschen länger ist.
Der Nil ist 6650 Kilometer lang, aber einige Wissenschaftler schätzen seine Länge auf 6800 Kilometer.

Der Nil entspringt aus zwei verschiedenen Quellen: Der Weiße Nil, der in Äquatorialafrika entspringt, und der Blaue Nil, der in den abessinischen Hochebenen entspringt.

Im alten Ägypten galt der Nil als die Quelle allen Lebens. Es gibt viele Mythen, die den Nil betreffen oder sich auf ihn beziehen.

Das Nildelta ist wahrscheinlich das wichtigste Gebiet, sowohl geografisch als auch historisch. Etwa 150 Kilometer von der Mittelmeerküste entfernt, auf der Höhe von Kairo, teilt sich der Nil in mehrere Arme. Es bildet ein Sumpfgebiet mit einer reichen Flora und Fauna.
Die Landwirtschaft entwickelte sich in diesem Gebiet sehr stark. Auch das berühmte Papyrus, ein Papier pflanzlichen Ursprungs, das von den Ägyptern verwendet wurde, wurde dort hergestellt.

DIE HIEROGLYPHEN

Im alten Ägypten schrieb man nicht mit Buchstaben. Hieroglyphen wurden verwendet.

Die Hieroglyphenschrift bzw. das Hieroglyphen-System ist das, was man als Bildschrift bezeichnet. Anstatt Buchstaben zu zeichnen, um Wörter zu bilden, wurde eine "Glyphe" gezeichnet, um entweder eine Sache oder eine Aktion oder einen Klang darzustellen. Man geht davon aus, dass dieses System 3000 Jahre nach Christus entstanden ist.

Das Schreiben in Hieroglyphen erforderte eine gewisse Kunstfertigkeit. Nur die Privilegierten (Pharaonen, Priester, Adlige) waren in der Lage zu schreiben und zu lesen.

Es gibt mehrere Legenden über die Erfindung der Hieroglyphen, und die meisten davon besagen, dass es Thot war, der den Menschen das Wissen und die Macht der Worte brachte.

Es gab zwei sehr wichtige Ereignisse, die uns bei der Übersetzung der Hieroglyphen geholfen haben:

Im Jahr 1799 entdeckte ein französischer Hauptmann namens Pierre Bouchard den Stein von Rosette. Auf diesem Stein wurde derselbe Text in zwei Sprachen (ägyptisch und griechisch) und mit drei Schriftsystemen (Hieroglyphen, Demotisch, griechisches Alphabet) eingraviert.

In den 1820er Jahren stellte Champollion, ein renommierter Ägyptologe, eine vollständige Liste der ägyptischen Symbole mit ihren griechischen Entsprechungen zusammen. Er war der erste, der erkannte, dass die Symbole syllabisch sein können.

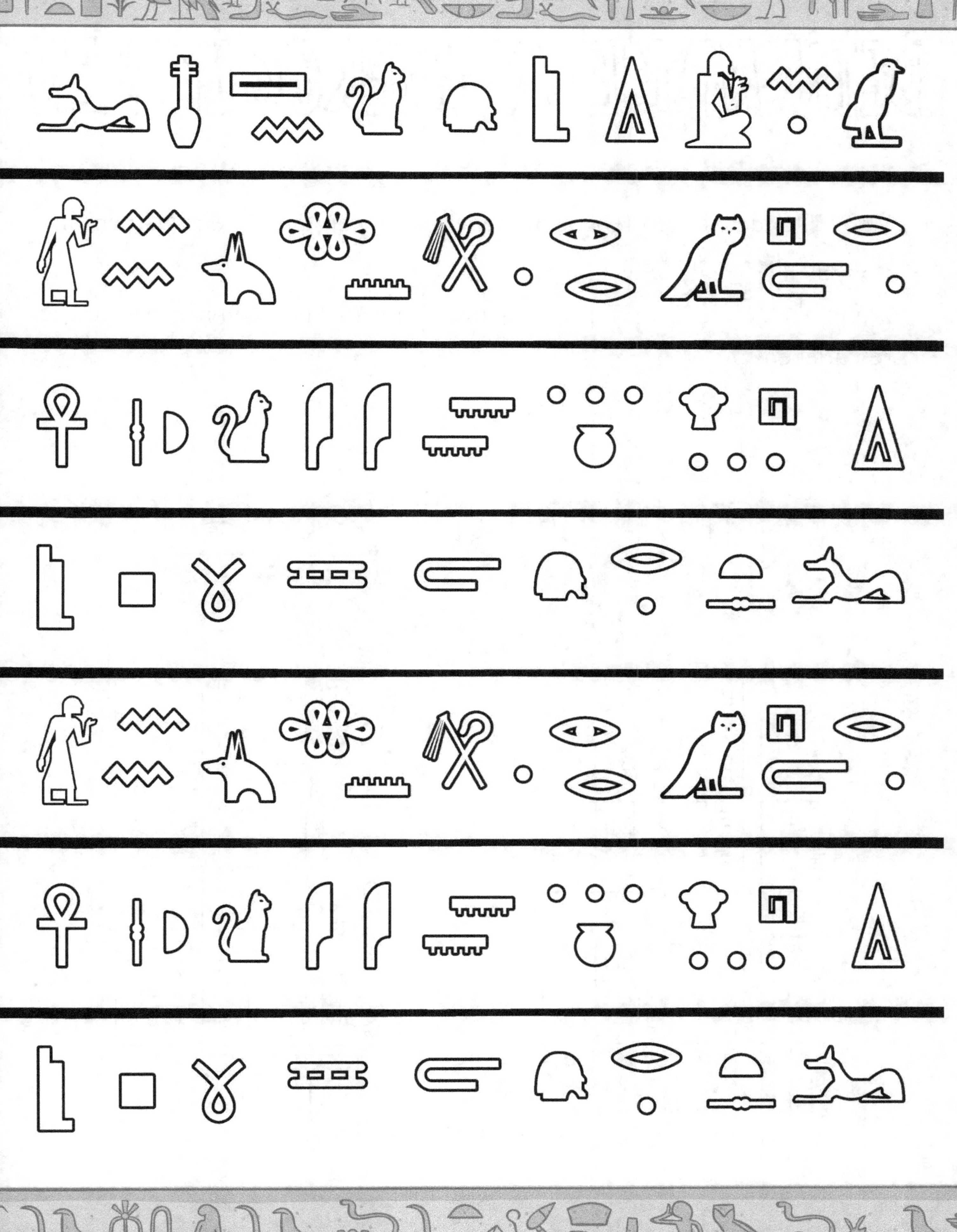

DEIN NAME IN HIEROGLYPHEN

Mit Hilfe der untenstehenden Tabelle können Sie Ihren Namen in Hieroglyphen schreiben.

Wenn Ihr Name SCOTT ist, wird Ihr Name in Hieroglyphen wie folgt geschrieben:

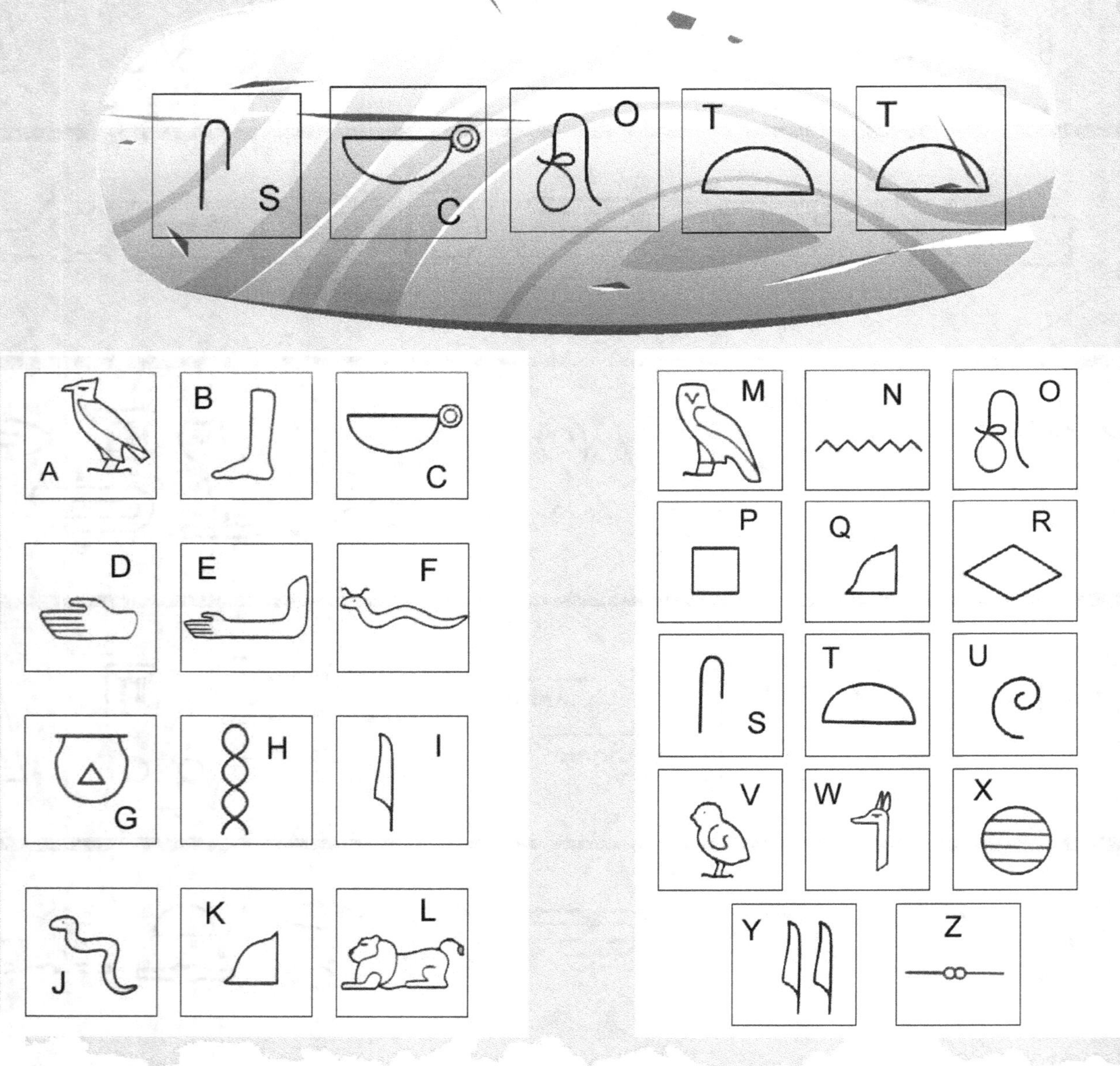

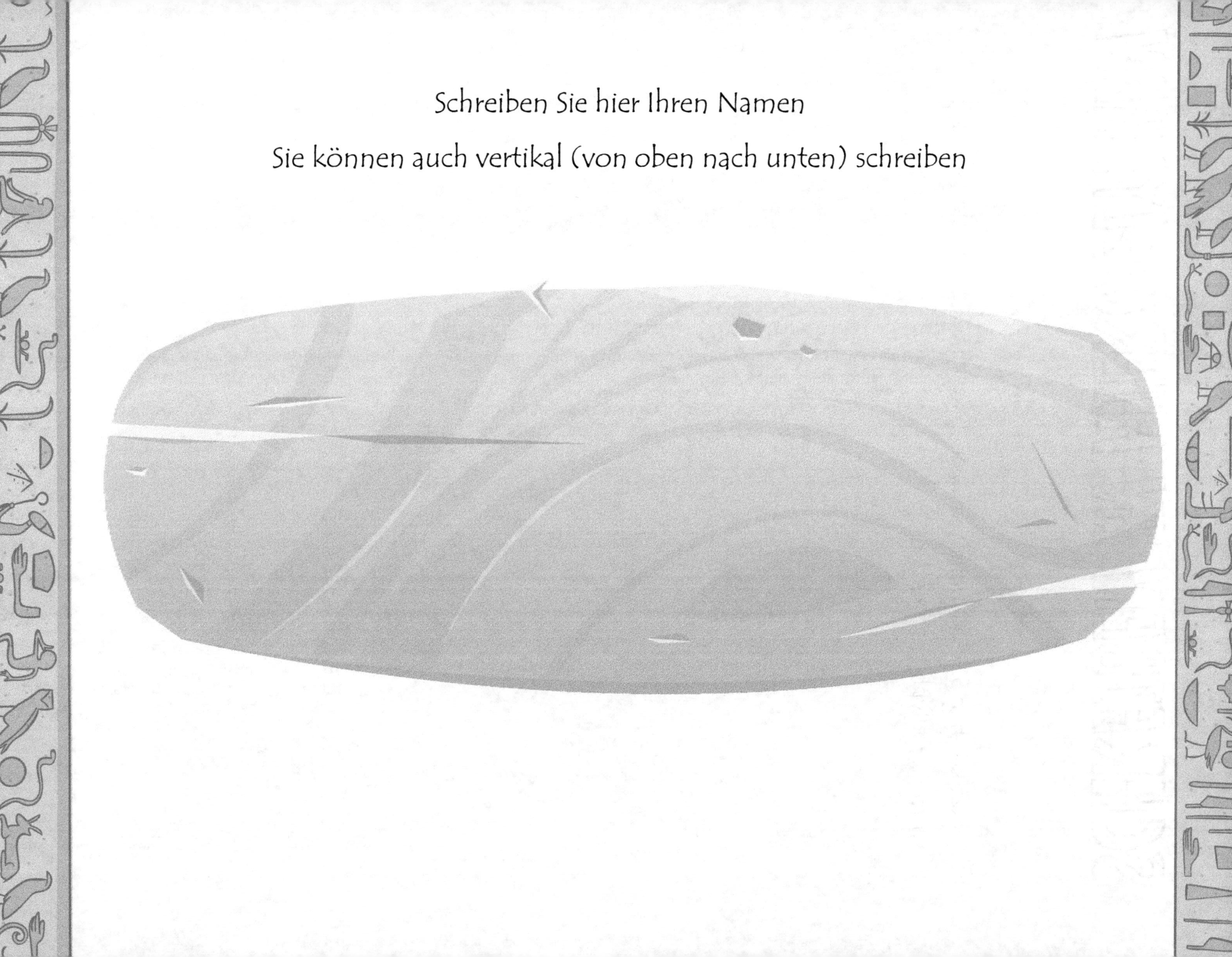

Schreiben Sie hier Ihren Namen

Sie können auch vertikal (von oben nach unten) schreiben

SCHREIBEN IN HIEROGLYPHEN

Jetzt können Sie sogar einen ganzen Text, ein Gedicht oder ein Lied mit Hieroglyphen schreiben.

Mumien und
Pyramiden

DIE MUMIEN

Nach Ansicht der Ägypter war es notwendig, die Körper der Verstorbenen zu konservieren, damit ihre Seelen nach dem Tod das ewige Leben erreichen konnten. Aus diesem Grund wurden Leichen mumifiziert.

Die Einbalsamierer hatten ein großes Wissen. Menschen, die vor 4000 Jahren mumifiziert wurden, haben immer noch Haut, Haare, und wir können immer noch ihre Tattoos oder Narben sehen.

Das Wort "Mumie" kommt aus dem Arabischen "mummiya", was "Bitumen" oder "Kohle" bedeutet.

Es wird angenommen, dass nur die Pharaonen mumifiziert wurden, aber das ist nicht wahr. Alle Ägypter hatten dieses Recht, mit Ausnahme der Verbrecher. Andererseits ist es offensichtlich, dass die Mumifizierung eines Pharaos mit viel mehr Sorgfalt durchgeführt wurde als die eines Bauern. Außerdem gab es mehrere Methoden, einige kostengünstig für das Volk, andere für wichtige Persönlichkeiten.

Hier ist die Methode, die für die Pharaonen verwendet wurde:
- Das Gehirn wurde durch die Nasenlöcher entfernt.
- Der gesamte Bauchinhalt (Organe) wurde entfernt, mit Ausnahme des Herzens (der Verstorbene brauchte es im Gerichtssaal, so der Glaube). Das Innere des Körpers wurde mit Palmwein und Gewürzen gewaschen. Die Organe wurden in vier Gefäße gelegt, die Kanopen genannt wurden (oder die vier Söhne des Horus).
- Der Bauch wurde mit Myrrhe gefüllt und genäht.
- Der Körper wurde 70 Tage lang mit Natron* bedeckt.
- Der Körper wurde gewaschen und in Leinen gewickelt.

Der mumifizierte Körper wurde in einen Sarg und dann in einen Sarkophag gelegt.

*Natron ist ein natürliches weißes Mineralsalz, das Wasser absorbiert.

DIE APFELMUMIE

Wird mit Hilfe der Eltern hergestellt

Materialien:

1 Apfel / 1 Messer / 1 Stock / 1 Tasse Backpulver / 1 Tasse Kochsalz / Großer Zip-Lock-Plastikbeutel.

SICHERHEIT: Essen Sie nicht den Apfel oder die Mumifizierungsbestandteile.

Schritt 1: Schnitzen Sie in den Apfel, was Sie wollen (ein Gesicht oder etwas anderes). Befestigen Sie dann den Stock am Apfel, so dass er zu einem Stiel wird (wie ein kandierter Apfel).

Schritt 2: Mischen Sie das Salz und das Backpulver in Ihrer Plastiktüte.

Schritt 3: Legen Sie den Apfel in die Lösung und achten Sie darauf, dass er vollständig bedeckt ist. Lassen Sie den Apfel in der Tüte.

Schritt 4: Lassen Sie den Beutel aufrecht und offen stehen, damit die Feuchtigkeit entweichen kann.

Schritt 5: Lassen Sie den Apfel mehrere Tage in der Tüte liegen. Prüfen Sie jeden Tag den Zustand des Apfels. Es wird im Laufe der Tage mumifizieren.

DIE SARKOPHAGE

Ein Sarkophag ist ein Bestattungsgefäß (eine Kiste), das zur Aufnahme eines Sarges dient.

Ein Sarkophag kann aus Stein oder Holz gefertigt sein und wird meist oberirdisch aufgestellt (nicht begraben).

Der Sarkophag ist für Personen von hohem Rang reserviert. Es wird oft mit dem Bildnis des Verstorbenen geschnitzt, verziert und bemalt. Er ahmt sehr oft die Form eines Körpers nach (man spricht dann von einer Mumienform oder einem anthropoiden Sarkophag). Bei den Pharaonen wurde der Deckel mit kostbaren Materialien (Gold, Silber, Edelsteinen) verziert.

Einer der berühmtesten Sarkophage ist natürlich der des Tutanchamun.

DIE PYRAMIDEN

Zum Schutz ihres Sarkophags und um sie in Kontakt mit dem Gott Ra zu bringen, ließen sich einige Pharaonen prächtige Gräber bauen.

Zunächst waren die Gräber rechteckige Gebäude. Sie wurden "Mastabas" genannt. Sie wurden am Westufer des Nils gebaut, wo die Sonne untergeht.

Im Inneren gab es einen Raum für Opfergaben und einen weiteren Raum mit Statuen der Verstorbenen. Dann gab es einen Brunnen, der zur Grabkammer führte, wo der Sarkophag aufgestellt wurde.

Die älteste Steinpyramide wurde in Saqqara um 2800 v. Chr. für den Pharao Djoser (oder Djeser) errichtet. Sie wurde von dem berühmten Architekten Imhotep entworfen. Es besteht aus 6 Mastabas, die zunehmend verkleinert und auf die anderen gestellt werden. Diese Pyramide war 60 Meter hoch. Diese Art von Pyramide wird "Stufenpyramide" genannt und sieht aus wie eine große Treppe (durch die der Pharao in den Himmel hinaufsteigen und sich Ra anschließen konnte).

Später wurden die Pyramiden dreieckig.

Die berühmtesten sind die Pyramiden von Gizeh, die aus dem 3. Jahrtausend v. Chr. stammen. Sie sind jeweils nach dem Pharao benannt, den sie beherbergen: Cheops (146 Meter), Khafre oder Chephren (143 Meter) und Menkaure oder Mykerinus (66 Meter). Die Grabkammern befinden sich in der Mitte des Gebäudes.

Die Pyramiden waren echte Labyrinthe!

Ein Ägyptologe trat durch die Spitze der Pyramide ein. Helfen Sie ihm, den Weg nach draußen zu finden. Die Lösung finden Sie auf der nächsten Seite.

DER SPHINX

Eine Sphinx ist ein Fabelwesen, mit dem Körper eines Löwen, den Flügeln eines Adlers und dem Kopf eines Menschen oder eines Tieres (Falke, Katze, Schaf...).

Die größte Sphinx ist die berühmte Sphinx von Gizeh, die sich auf dem Gizeh-Plateau befindet, neben den drei großen Pyramiden. Ägyptologen schätzen seine Errichtung um 2600 v. Chr. Demnach würde es das Gesicht des Pharaos Khafre tragen.

Es gibt weitere berühmte Sphingen: diejenige, deren Kopf das Porträt der Pharaonin Hatschepsut darstellt (heute im Metropolitan Museum of Art in New York ausgestellt), und die Alabaster-Sphingen von Memphis.

Die große Sphinx von Gizeh ist eines der Symbole von Ägypten. Es erscheint auf Briefmarken, Münzen und wird von Touristen viel besucht.

.

Heilige Tiere
und Symbole

DER SKARABÄUS

Der Skarabäus ist ein sehr präsentes Symbol im alten Ägypten.

Sie stellt den Gott Khepri dar, Symbol der Wiedergeburt der Sonne.

Der Mistkäfer ist der Ursprung dieses Symbols: Er rollt eine Kugel aus Erde oder Kot zu seinem Bau. Die Ägypter assoziierten dieses Verhalten mit dem Lauf der Sonne.

Es gibt viele Objekte, die den Skarabäus darstellen, wie z.B. Schmuck oder der berühmte Gedenk-Skarabäus, auf den der Pharao einen Text eingravieren ließ, um an ein wichtiges Ereignis zu erinnern. Sie wurde dann an jeden Herrscher geschickt, mit dem der Pharao in Kontakt stand.

DAS ANKH

Das Ankh ist ein weit verbreitetes Symbol, das für Leben und Unsterblichkeit steht.

Es ist auch das Symbol für die Vereinigung von Mann und Frau, insbesondere für die Vereinigung von Osiris und Isis.

Diese Vereinigung, so die Legenden, verursachte die Überschwemmungen des Nils (und symbolisierte damit auch die Fruchtbarkeit).

Das Ankh wird manchmal auch der "Schlüssel zum Nil" genannt.

Das Ankh-Symbol wurde oft auf Tempeln gezeichnet, da man glaubte, dass es göttlichen Schutz bietet.

DAS AUGE VON HORUS

Das Symbol des Auges des Horus steht für Schutz, Heilung, Gesundheit und königliche Macht.
Es wird auch Udjat genannt.

Dieses Symbol, in Form eines Gegenstandes oder Schmucks, war weit verbreitet: Es wurde als Amulett getragen, um zu heilen, und wurde in der Medizin verwendet, um Inhaltsstoffe zu messen.
Der Legende nach kämpften Horus und Seth um die Nachfolge von Osiris nach dessen Tod. Seth soll Horus das linke Auge ausgerupft haben. Hathor (oder Thot, je nach Erzählung) heilte das Auge mit Magie.

Es symbolisiert auch Opferbereitschaft.

DIE FEDER DES MAAT

Die Feder der Maat (oder Ma'at) ist eines der am häufigsten verwendeten Symbole in den Hieroglyphen.

Die Göttin Maat repräsentiert die Gerechtigkeit. Es wird gesagt, dass das Herz des Verstorbenen mit der Feder der Maat gewogen wurde. Wenn das Herz leichter war als die Feder, bedeutete dies, dass die Person tugendhaft war und nach Aaru (das von Osiris regierte Paradies) gehen konnte.
Wenn nicht, wurde das Herz von Ammit (der seelenfressenden Göttin) verschlungen und der Verstorbene wurde verflucht, in der Unterwelt zu bleiben.

DAS PSCHENT

Der Pschent ist die Doppelkrone, die aus der Roten Krone und der Weißen Krone besteht. Dieser Kopfschmuck repräsentierte die Einheit Ägyptens und die Kontrolle des Pharaos.

Die Rote Krone wird Deshret genannt und symbolisiert Unterägypten (Land der Göttin Ouadjet sowie das Land des Seth).

Die weiße Krone wird Hedjet genannt und s y m b o l i s i e r t Oberägypten.

Bei der Einigung Ägyptens wurden die Kronen zusammengelegt.

HEKHA & NEKHAKHA

Hekha, der Hirtenstab, symbolisiert die Macht des Staates über das Volk. Das Wort Hekha wurde mit Osiris in Verbindung gebracht und bedeutete "herrschen".

Nekhakha, die Geißel, ist das Symbol der königlichen Macht, der Kontrolle des Volkes durch seinen Pharao.

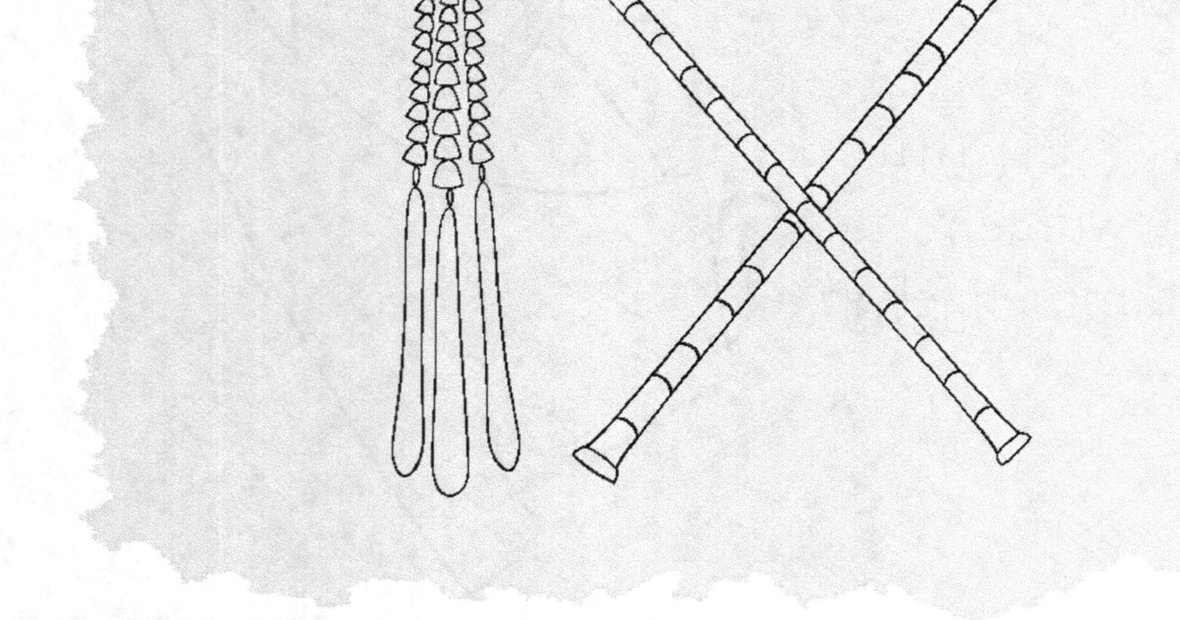

URAEUS

Uraeus ist abgeleitet von dem Wort "iaret" und bedeutet "der Auferstandene". Dieser Begriff wird durch eine Kobra symbolisiert.

Es stellte die Verbindung zwischen den Göttern und den Pharaonen dar. Pharaonen trugen dieses Symbol oft auf ihren Kronen.

Uraeus ist ein Synonym für die absolute Macht der Götter und Pharaonen und sollte magische Kräfte verleihen.

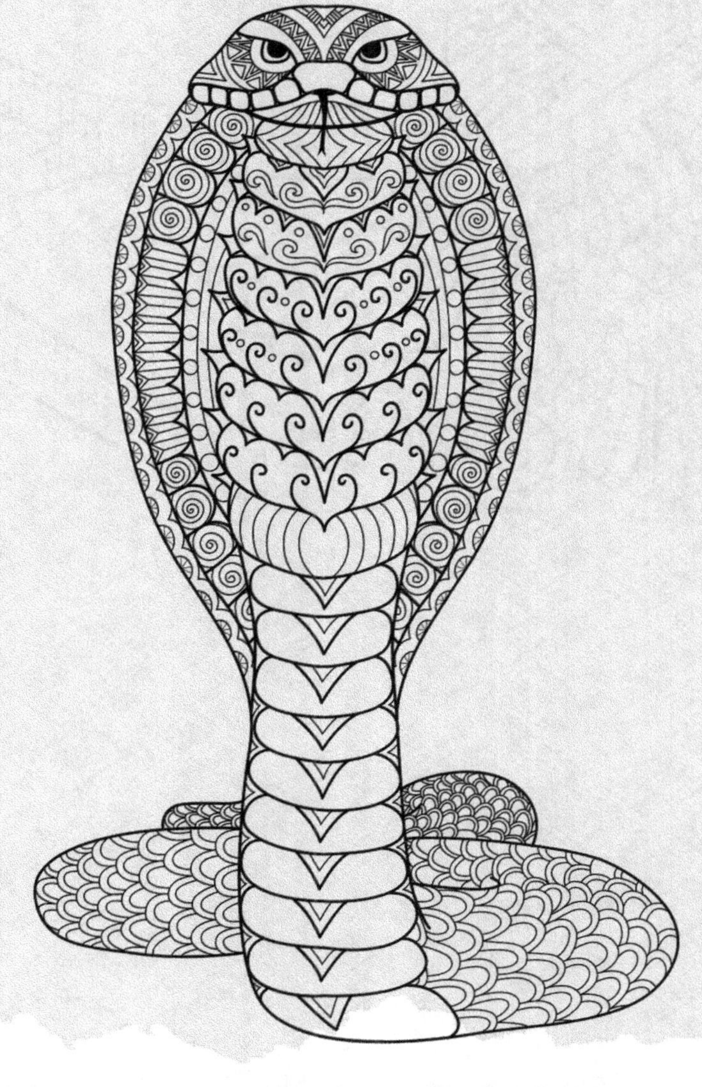

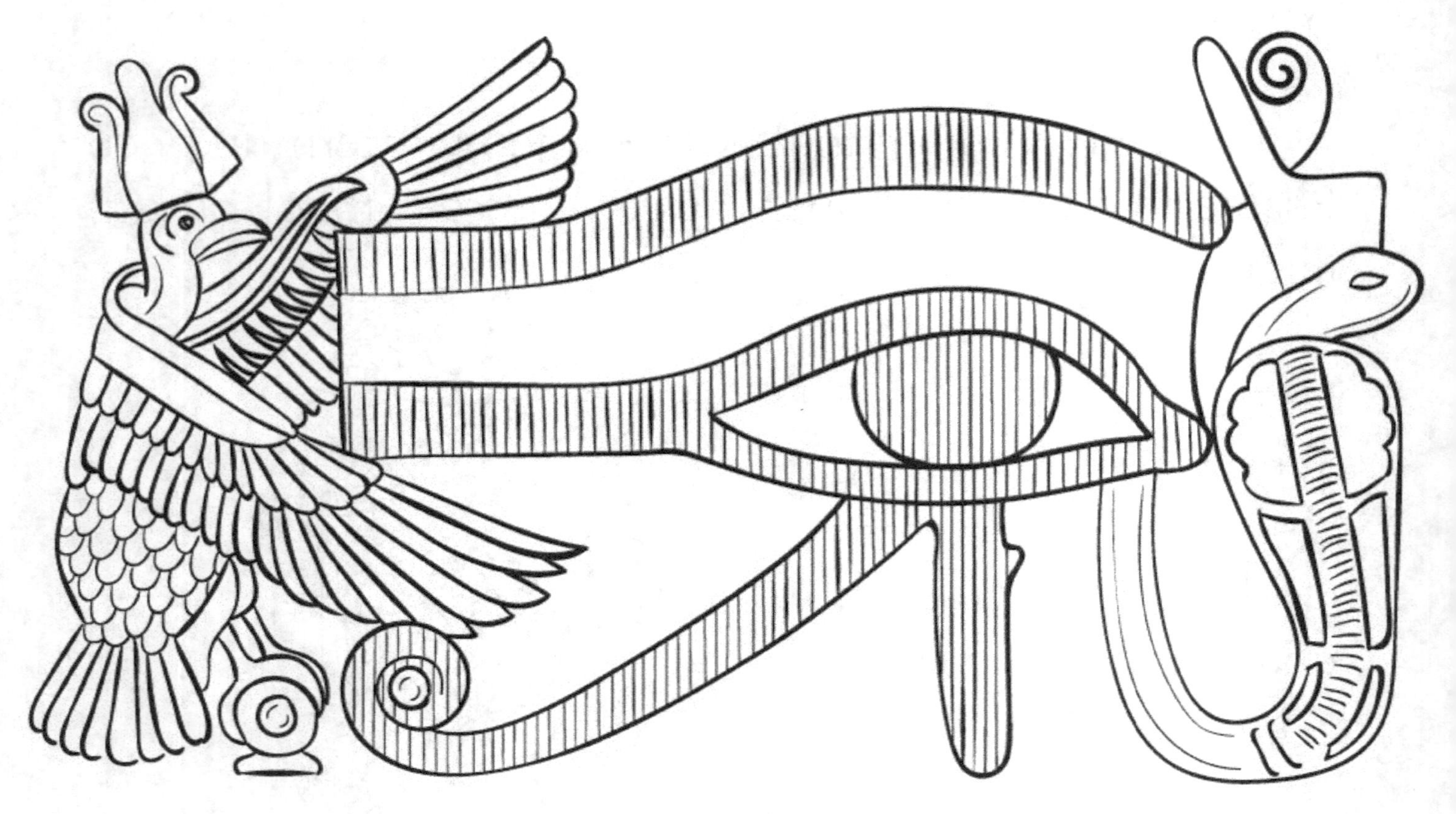

Ausmalbilder